Orações da noite antes de dormir

Jean-Yves Garneau

Orações da noite antes de dormir

EDITORA
AVE-MARIA

© 2002 by Médiaspaul (Canada)
ISBN: 2-89420-472-8

Em língua portuguesa:
© 2005 by Editora Ave-Maria. All rights reserved.
Rua Martim Francisco, 636 – 01226-000 São Paulo, SP – Brasil
Tel.: (11) 3823-1060 • Televendas: 0800 7730 456
editorial@avemaria.com.br • comercial@avemaria.com.br
www.avemaria.com.br

ISBN: 978-85-276-1098-8

Printed in Brazil – Impresso no Brasil

9. ed. – 2017

Título original: *Prières du soir avant de s'endormir*
Ilustração: *Diane Lanteigne*
Tradução: *Pe. João B. Megale, CMF*
Capa: *Rui Joazeiro*

Dados Internacionais de Catalogação na Publicação (CIP)
(Câmara Brasileira do Livro, SP, Brasil)

Garneau, Jean-Yves, 1932
Orações da noite antes de dormir / Jean-Yves Garneau; [tradução: João B. Megale]. — São Paulo: Editora Ave-Maria, 2005.

Título original: Prières du soir avant de s` endormir

ISBN: 978-85-276-1098-8

1. Crianças - Livros de oração e devoções   2. Hora de dormir - Orações
3. Orações   I. Título.

05-6152   CDD-242.62

Índices para catálogo sistemático:
1. Crianças: Devoções diárias: Cristianismo   242.62
2. Livros de orações para crianças: Cristianismo   242.62

Todos os direitos reservados e protegidos pela Lei 9.610, de 19/02/1998. É expressamente proibida a reprodução total ou parcial deste livro, por quaisquer meios (eletrônicos, mecânicos, fotográficos, gravação e outros), sem prévia autorização, por escrito, da Editora Ave-Maria.

Diretor Geral: Marcos Antônio Mendes, CMF
Diretor Editorial: Luís Erlin Gomes Gordo, CMF
Gerente Editorial: Áliston Henrique Monte
Editor Assistente: Isaias Silva Pinto
Revisão: Marcia Alves dos Santos, Maria Eliza de Oliveira e Isabel Ferrazoli
Diagramação: Carlos Eduardo P. de Sousa
Impressão e acabamento: Gráfica Infante

A Editora Ave-Maria faz parte do Grupo de Editores Claretianos (Claret Publishing Group).
Bangalore • Barcelona • Buenos Aires • Chennai • Colombo • Dar es Salaam • Lagos • Macau • Madri • Manila • Owerri • São Paulo • Varsóvia • Yaoundé

As orações contidas neste livro são para você que começa a aprender a ler. Verá que há muitas orações. Com o tempo, aprenderá a escolher a oração que mais lhe convém para esta ou aquela noite.

Seria bom que você acrescentasse suas próprias palavras àquelas que proponho para rezar. Pode fazê-lo pensando no que aconteceu ou naquilo que está ainda lhe preocupando na hora de dormir. Eu ficaria feliz se, pouco a pouco, aprendesse a rezar suas próprias orações sem necessidade de ficar olhando neste livro.

Tente e verá que é mais fácil do que você pensa. As preces que proponho se dirigem a Deus. Isso é bom para você. É bom para as pessoas que conhece. É bom para todas as pessoas que vivem neste mundo. É isso que afirma "O bom Deus". Deus ama você e o convida a amá-lo. Fazendo sua oração da noite, pense em mim de vez em quando e ore por mim. Eu lhe agradeço. Eu sou seu amigo.

o autor

ÍNDICE

Para um bom sono	9
Para um bom sono (2)	10
Para agradecer a Deus	10
Para agradecer a Deus (2)	11
Para louvar e agradecer	12
Louvado seja!	13
Louvado seja! (2)	14
Louvor ao Senhor!	15
Aleluia! Louvado seja!	16
Aleluia! Louvado seja! (2)	17
Sou feliz por conhecer o Senhor	18
Sou seu filho	18
Ao Senhor, o único Deus que existe	19
Ao Senhor, que é meu amigo	20
Uma oração curta	20
Esqueci de rezar	21
Por todas as crianças do mundo	22
Pelas pessoas que me amam	23
Pelas pessoas que amo	24
Pelas pessoas que amo (2)	24
Pelas pessoas infelizes	25
Por todas as pessoas infelizes (2)	26
Por todas as pessoas da terra	27
Pelos meus professores	28
Pelos meus melhores amigos	28
Pelo meu melhor amigo	29
Pelos meus avós	30
Para que todo o mundo seja feliz	31
Pelos pais e filhos infelizes	32
Por meu pai, que está doente	33
Por minha mãe, que está doente	34
Pela minha irmã, que está doente	34
Por meu irmão, que está doente	35

Por meu melhor amigo, que está doente 36
Por mim, que estou doente 37
Por uma pessoa que está muito doente 38
Pela paz e o bom entendimento do mundo 39
Pela beleza da nossa terra 40
Por uma bela jornada 40
Para que não haja mais guerras 41
Pela paz e pela alegria 42
Entrei em discussões 43
Pelo meu pai e minha mãe, que tiveram forte desentendimento 44
Para ter êxito em minha prova 44
Fiz minha mãe ficar zangada 45
Para me entender melhor com minha irmã 46
Não fui prestativo 47
Obrigado 48

Para um bom sono

Eu me dirijo ao Senhor que é Deus.
Sei que o Senhor me ama e eu também o amo.

Sei que o Senhor quer o meu bem e que me protege.
Vou agora me deitar.

Ajude-me a ter um bom sono.
Vele por mim.
Vele por todas as crianças do mundo,
que também agora vão dormir.

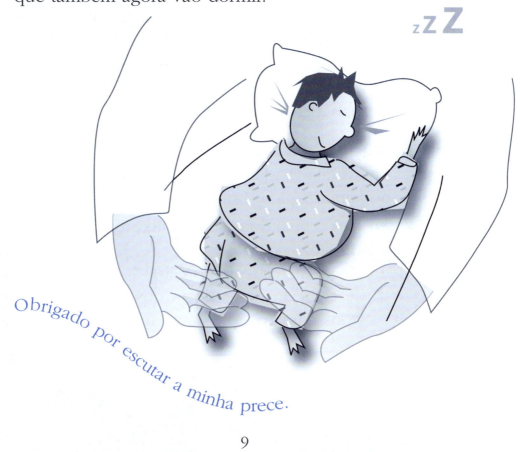

Obrigado por escutar a minha prece.

Para um bom sono (2)

Lá fora já é noite,
e eu vou agora me deitar,
quero dizer-lhe boa-noite,
ao Senhor que é Deus, ao Senhor que eu amo.
Eu me entrego em suas mãos.
Ajude-me a bem repousar.
Ajude-me a não ter pesadelos.

É ao Senhor que eu peço,
porque é bom para mim
e para com todas as pessoas da terra.

Obrigado por ser um bom Deus.

Para agradecer a Deus

Antes de me deitar,
quero falar ao Senhor que é Deus,
ao Senhor que é bom.

Eu não o vejo, mas sei que existe,
sei que fez o céu e a terra
e colocou as estrelas no céu,
        as árvores e as flores nos jardins,
        os pássaros que voam no vento.

Para agradecer a Deus (2)

Deus altíssimo,
Deus boníssimo,
antes de me deitar,
  eu quero dizer obrigado.

  Obrigado por este dia que passou.
    Obrigado pelos amigos que encontrei.
    Obrigado pelo tempo que fez lá fora.
      Obrigado pelas pessoas que cuidaram de mim.
      Obrigado por tudo o que
        me deram para comer.
        Obrigado pelo amor que recebi
          de meus pais.

          Obrigado por tudo!
          Muito obrigado!

Tudo o que fez foi bem feito.
Eu agradeço por tudo o que fez
e agradeço porque me ama.

Durante a noite, enquanto eu estiver dormindo,
não se esqueça de mim.
Pense em mim e proteja-me.

Eu o amo.

Para louvar e agradecer

Nesta noite, antes de me deitar,
quero louvar ao Senhor que é Deus
e que é bom.

Quero louvar porque fez o céu e a terra
e porque me deu um pai e uma mãe.

Meu pai se chama _____.
Minha mãe se chama _____.
Quero louvar também
e agradecer pelo meu irmão _____,
pela minha irmã _____,
e por todos os meus amigos.

Eu os amo.
Vele por eles.

Porque me ama,
vele também por mim
durante toda a noite.

E agora me dê a sua bênção*
para que eu durma em paz.

*Quando Deus dá a sua bênção, ele se volta para nós e estende um gesto de bondade sobre nós. Guarde esta palavra "bênção" e use-a com frequência em suas orações. Após pedir a Deus a sua bênção, faça o sinal da cruz. Se ainda não sabe fazê-lo, pergunte à sua mãe ou ao seu pai como se faz o sinal da cruz.

As orações contidas neste livro são para você que começa a aprender a ler. Verá que há muitas orações. Com o tempo, aprenderá a escolher a oração que mais lhe convém para esta ou aquela noite.

Seria bom que você acrescentasse suas próprias palavras àquelas que proponho para rezar. Pode fazê-lo pensando no que aconteceu ou naquilo que está ainda lhe preocupando na hora de dormir. Eu ficaria feliz se, pouco a pouco, aprendesse a rezar suas próprias orações sem necessidade de ficar olhando neste livro.

Tente e verá que é mais fácil do que você pensa. As preces que proponho se dirigem a Deus. Isso é bom para você. É bom para as pessoas que conhece. É bom para todas as pessoas que vivem neste mundo. É isso que afirma "O bom Deus". Deus ama você e o convida a amá-lo. Fazendo sua oração da noite, pense em mim de vez em quando e ore por mim. Eu lhe agradeço. Eu sou seu amigo.

o autor

ÍNDICE

Para um bom sono 9
Para um bom sono (2) 10
Para agradecer a Deus 10
Para agradecer a Deus (2) 11
Para louvar e agradecer 12
Louvado seja! 13
Louvado seja! (2) 14
Louvor ao Senhor! 15
Aleluia! Louvado seja! 16
Aleluia! Louvado seja! (2) 17
Sou feliz por conhecer o Senhor 18
Sou seu filho 18
Ao Senhor, o único Deus que existe 19
Ao Senhor, que é meu amigo 20
Uma oração curta 20
Esqueci de rezar 21
Por todas as crianças do mundo 22
Pelas pessoas que me amam 23
Pelas pessoas que amo 24
Pelas pessoas que amo (2) 24
Pelas pessoas infelizes 25
Por todas as pessoas infelizes (2) 26
Por todas as pessoas da terra 27
Pelos meus professores 28
Pelos meus melhores amigos 28
Pelo meu melhor amigo 29
Pelos meus avós 30
Para que todo o mundo seja feliz 31
Pelos pais e filhos infelizes 32
Por meu pai, que está doente 33
Por minha mãe, que está doente 34
Pela minha irmã, que está doente 34
Por meu irmão, que está doente 35

Por meu melhor amigo, que está doente 36

Por mim, que estou doente 37

Por uma pessoa que está muito doente 38

Pela paz e o bom entendimento do mundo 39

Pela beleza da nossa terra 40

Por uma bela jornada 40

Para que não haja mais guerras 41

Pela paz e pela alegria 42

Entrei em discussões 43

Pelo meu pai e minha mãe, que tiveram forte desentendimento 44

Para ter êxito em minha prova 44

Fiz minha mãe ficar zangada 45

Para me entender melhor com minha irmã 46

Não fui prestativo 47

Obrigado 48

Aleluia! Louvado seja! (2)

Aleluia!
Louvado seja, Senhor, que é Deus!
Louvado seja pelos adultos
e pelas crianças.
Louvado seja
pelas pessoas que vão para o trabalho.
Louvado seja por aqueles que vão para a escola.
Louvado seja por todos os pássaros que voam no céu.
Louvado seja por todos os animais que correm sobre a terra.
Louvado seja por todos os peixes que nadam no mar.
Aleluia!
Bendito seja, Senhor, que é Deus!

Sou feliz por conhecer o Senhor

Antes de ir me deitar,
quero falar ao Senhor, que é Deus.
Quero dizer-lhe que estou alegre
por conhecer e saber que o Senhor
habita no meu coração.
Quero também dizer que sou feliz
por saber que o Senhor cuida
de mim, não somente durante o dia,
mas também durante a noite.

O Senhor é um Deus de bondade
em todas as circunstâncias.

Obrigado por ter-me ajudado
a compreender isso.

Sou seu filho

O Senhor é Deus
e eu sou seu filho.
Eu lhe dou graças por isso.
Se sou seu filho,
o Senhor é meu Pai.
Obrigado por ser meu Pai!
Então, escute minha prece.
Vele sobre mim.

Ao Senhor, o único Deus que existe

Disseram-me que não existem muitos deuses,
mas um só.

E é o Senhor!

Ao Senhor, que é o único Deus que existe,
tenho duas coisas a pedir antes de ir me deitar.

Em primeiro lugar, a proteção para todos aqueles que eu amo:
     meu pai, minha mãe,

     meu irmão, minha irmã...

Essa é a primeira coisa.

A segunda é:

ajude-me a ser melhor.

É tudo o que eu quero pedir nesta noite.

Agora, ajude-me a dormir
e proteja-me durante a noite.

Vele sobre meus pais.
Vele sobre meu irmão.
Vele sobre minha irmã.
Vele sobre meus amigos.
Vele sobre todas as pessoas que
eu conheço e sobre todas aquelas
que vivem sobre a terra.
E ajude-me a dormir.

Ao Senhor, que é meu amigo

Senhor, que é Deus,
que é grande,
mas é também meu amigo.
Eu o agradeço por ser meu amigo
e por ser bom para com todas as pessoas da terra.
Ajude-me a ser bom como o Senhor é.
Ensine-me a fazer o bem cada dia.
Ajude-me a ser bom e amável
para com todos os meus amigos
e a partilhar com eles todos os brinquedos que tenho.
Obrigado por escutar a minha oração.
Obrigado de todo o meu coração.

Uma oração curta

Nesta tarde, estou cansado.
Senhor, então, vou fazer uma oração breve.
Eis a minha oração:
Obrigado, porque me ama.
Obrigado, porque nunca se esquece de mim.
Obrigado, porque sempre cuida de mim.
Pronto.
Minha oração está terminada.
Estou muito cansado.
Vou deitar-me.
Faça que eu durma em paz.

Esqueci de rezar

Ontem à noite, esqueci de falar com o Senhor.
Peço desculpa.
Estava muito cansado.
Hoje, quero retomar minha oração.
Quero dizer que me sinto muito feliz por conhecê-lo.
    Senhor, que é Deus,
    Senhor, que vela sobre mim,
    Senhor, que quer a minha felicidade.
Obrigado por tudo que fez por mim.
Obrigado, porque é meu amigo.
Obrigado, porque é meu Pai que está no céu.
Obrigado, porque é um Deus cheio de amor,
    um Deus que eu amo.

Por todas as crianças do mundo

Senhor, que é Deus,
que ama todos os homens
e todas as mulheres da terra.

E ama de modo especial as crianças.
Esta noite, antes de ir me deitar,
quero rezar por todas as crianças do mundo.

Eu rezo por todas,
principalmente por aquelas que estão tristes,
por aquelas a quem foi feito algum mal,
por aquelas a quem falta o alimento,
     o remédio,
     a roupa.

Venha em seu socorro
para que se tornem crianças felizes.

Obrigado por escutar a minha oração.

Pelas pessoas que me amam

Nesta noite,
quero dizer obrigado
ao Senhor, que é Deus,
ao Senhor, que é bom.
Obrigado, porque me ama.
Obrigado, porque pensa em mim.
Obrigado, porque o Senhor se ocupa comigo.
Obrigado pelos pais que me deu.
Obrigado pelos amigos com quem me fez encontrar.
Obrigado pelo meu irmão que amo e obrigado
pela minha irmã que amo também.
Muito obrigado!
Agora vou dormir.
Até amanhã de manhã.
Vele sobre o meu sono.

Pelas pessoas que amo

Senhor, que é Deus,
ouça a prece que lhe dirijo
do fundo do meu coração.
Eu peço por todas as pessoas a quem amo,
mas, sobretudo, pelos meus amigos,
    pelo meu irmão, pela
    minha irmã
    e pelos meus pais.
Vele por eles.
Proteja-os.
Ajude-os a serem felizes.
Minha oração está terminada.
Agora, me dê
a sua bênção
antes que eu durma.
       Assim seja!

Pelas pessoas que amo (2)

Deus, que é bom,
Deus, que é grande,
eu, nesta tarde, oro dizendo:
Aleluia! Louvado seja!

Louvado seja por todas as pessoas que eu amo.

Louvado seja pelos meus pais.

Louvado seja pelo meu irmão e minha irmã.

Pelas pessoas infelizes

Senhor, que é Deus,
escute a oração que lhe dirijo, nesta tarde,
    antes de dormir.
Eu rezo
        pelas pessoas que estão doentes,
        pelas pessoas que estão tristes,
        pelas pessoas que estão desanimadas,
        pelas pessoas que não têm ninguém que as ame.
Eu rezo também
        pelas pessoas que estão desesperadas,
        em particular pelos pais
        que não têm o dinheiro suficiente
        para bem alimentar seus filhos.
Porque tu és Deus,
porque tu és bom,
venha em auxílio de todas as pessoas
que acabo de lembrar.
Agora, ajude-me a ter um bom sono.

Louvado seja pelo meu padrinho e pela minha madrinha.
Louvado seja pelos meus tios e pelas minhas tias.
Louvado seja pelos meus primos e pelas minhas primas.
Louvado seja por todos os meus amigos.
E, agora, abençoe-me
porque vou me deitar.
Ajude-me a ter uma boa noite.
Assim seja!

Por todas as pessoas infelizes (2)

Eu vos peço, nesta noite,
por todas as pessoas do mundo, que são infelizes.
Eu peço, em primeiro lugar, pelas crianças:
    pelas crianças doentes,
    pelas crianças maltratadas,
    pelas crianças que não têm quase nada para comer.
Eu peço por todas as crianças do mundo que são infelizes.
Eu peço também pelos adultos,
    pelos adultos que não são amados,
    pelos adultos que estão nas prisões,
    pelos adultos que vivem em países onde há guerras.
Eu peço por todos os adultos que são infelizes.
Ouça minha prece
e venha em auxílio de todas as pessoas
do mundo que são infelizes.

Assim seja!

Por todas as pessoas da terra

Deus, que é bom,
Deus, que é grande,
eu peço, nesta noite,
por todas as pessoas do mundo.
Peço pelas pessoas que são felizes,
mas também pelas infelizes.
Peço pelas crianças,
mas também pelos adultos.
Peço pelas pessoas doentes, mas também
por aquelas que gozam de boa saúde.
Peço pelas pessoas que falam a mesma língua,
mas também por aquelas que falam outras línguas.
Peço pelas pessoas que vivem no mesmo país que vivo,
mas também por aquelas que vivem em outros países.
Ajude todas as pessoas da terra
a se amarem,
a serem felizes
e a viverem em paz.

Obrigado por escutar minha prece!

Pelos meus professores

Nesta noite,
eu vos peço pelos meus professores.

Sobretudo por _____ e _____,
    que eu amo mais particularmente.

Ajuda todos os professores do mundo
a serem bons professores
e a mim a estudar com empenho.

Agora, ajuda-me a dormir bem para que, amanhã,
eu tenha um bom dia na escola.

Muito obrigado por escutar a minha oração.

Pelos meus melhores amigos

Senhor que é Deus,
Senhor que é bom, eu vos peço,
nesta noite, pelos meus melhores amigos.
E destaco os seguintes:

_____, _____.

São os meus melhores amigos.
Peço que os proteja e nos ajude
a permanecer amigos.
Eu sei que também o Senhor é meu amigo.
Obrigado por isso.

Pelo meu melhor amigo

Senhor, que é Deus,
que certamente conhece quem é
o meu melhor amigo.
Mesmo assim, digo o nome dele.
Ele se chama _____.
Gosto muito dele.
Nós nos entendemos muito bem.
Nesta noite, rezo por ele,
para que não lhe aconteça nenhum mal.
Que ele não fique doente.
Que ele tenha sucesso na escola.
Que ele permaneça sempre o meu melhor amigo.
Obrigado por escutar a minha prece.
E agora, ajude-me a dormir bem
e me dê a sua bênção.

Assim seja!

Agora, dê a sua bênção a todos
os meus amigos.
Ajude-os a bem dormir esta noite.
Ajude-me também a ter
um bom sono.
Minha oração está terminada.
Obrigado por me escutar.

Pelos meus avós

Deus, extremamente bom,
quero dizer que hoje
meus avós vieram me ver.
Eles são muito carinhosos comigo.
Eu os quero muito bem.
Eu peço, nesta noite,
pelos meus avós das duas partes: de mãe e de pai.
Dê a eles boa saúde.
Ajude-me a ser sempre amoroso
para com eles.
Ajude-me a ter gosto e prontidão
para servi-los quando precisarem de mim.
Eu o agradeço por ouvir minha
oração e, antes de me deitar,
peço que me abençoe.
Peço também que abençoe
meus avós.
Amém! Assim seja!.

Assim seja!

Para que todo o mundo seja feliz

Senhor, que é Deus,
Senhor, que é bom,
e quer que todo o mundo seja feliz.
Não quer que existam guerras.
Quer que por toda a terra haja a paz.
Não quer que haja pessoas
que tenham tudo e outras que não tenham
nem o necessário para viver decentemente.
O que o Senhor quer é que todas as pessoas tenham
o necessário e sejam felizes.
Ajude-me,
ajude todas as crianças,
ajude todos os adultos
a unirem as mãos e a se solidarizar,
a fim de que todos sejam felizes na terra.
Escuta minha oração.
Escuta-a com toda atenção.
Amém! Assim seja!

Amém! Assim seja!

Pelos pais e filhos infelizes

Senhor, que é Deus,
que sabe tudo
e vê tudo.
Eu sei disso, mas mesmo assim quero falar
de um assunto. O Senhor sabe de pais e mães
de família que são infelizes. O Senhor sabe
que há crianças infelizes.
Eu peço que o Senhor os ajude e os faça
compreender que os ama.

É ao Senhor que faço esse pedido porque sei
que ama todo o mundo.

É Deus para todo o mundo. É bom para com todos.
Obrigado por ouvir a minha prece.

    Ajude-me agora a dormir,
      entrego-me em suas mãos,
        dizendo que tenho confiança no Senhor.

Assim seja!

32

Para que não haja mais guerras

Antes de me deitar,
quero falar ao Senhor, que é Deus.

O Senhor sabe que há países no mundo onde existe a guerra.

Sabe que nos lugares onde há guerra, há muitos adultos
   e muitas crianças que sofrem;
      há também adultos e crianças que morrem.

O Senhor, que é Deus,
que quer a felicidade de todas as pessoas
   que vivem na terra,

não pode fazer alguma coisa para
que não haja mais guerras?

Não pode sugerir àqueles que fazem
a guerra fazer a paz?

Dado que é Deus,
certamente entende a minha prece.

Deixo para o Senhor a resposta.

Tenho confiança no Senhor.

Pela paz e pela alegria

Deus boníssimo,
escute a prece
que lhe dirijo, nesta tarde,
antes de dormir.

Eis minha prece:
> Traga a paz para o mundo,
> coloque alegria no coração de todas as pessoas
> que habitam na terra, faça que todas as crianças
> sejam felizes, não permita que elas sejam exploradas.

Tenho confiança no Senhor.

Sei que me ama.

Escute minha prece e lhe dê cumprimento.

E agora peço sua bênção.

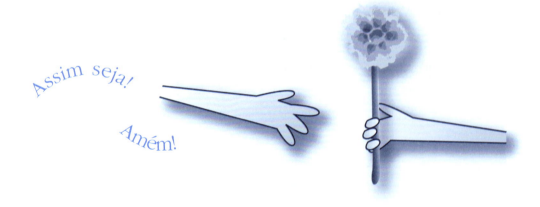

Assim seja!

Amém!

Entrei em discussões

Nesta noite, não me sinto contente comigo mesmo.
Tive discussões com meu amigo.

Não deveria ter-lhe dito o que disse.

Peço perdão
ao Senhor, que é Deus.

É ao Senhor que peço perdão,
porque sei que nos perdoa
quando falamos do fundo do coração.

Obrigado por me perdoar.

Amanhã vou me esforçar
para ser melhor.

Eu prometo.

Ajude-me a dormir em paz.

Senhor, que é Deus,
e eu o amo.

Assim seja!

Pelo meu pai e pela minha mãe, que tiveram forte desentendimento

Esta noite, durante o jantar, meu pai e minha mãe
tiveram uma forte discussão.
Eu me senti muito mal.
Acabei de jantar sem dizer uma palavra.
Depois disso estou só, no meu quarto.
Estou triste.
Antes de me deitar, quero rezar
pelo meu pai e pela minha mãe:
eu peço para que
amanhã de manhã
eles tenham reencontrado o bom humor.
É ao Senhor que me dirijo
porque é Deus
e porque nos ama.
Tenho grande confiança no Senhor.

Assim seja!

Para ter êxito em minha prova

Ao Senhor, que é Deus,
podemos dizer tudo.
Esta noite quero dizer que
daqui a dois dias
devo fazer um exame muito importante.
Ajude-me a me concentrar e a estudar com seriedade.

Por mim, que estou doente

Deus boníssimo,
quero dizer que hoje
passei mal o dia inteiro.
Estou cansado, muito cansado
por estar doente!
Faça que amanhã eu me sinta melhor.
É ao Senhor que dirijo este pedido
porque sei que me ama
como um pai,
como uma mãe,
e porque sei que pode vir em nosso auxílio
quando ficamos doentes.

Obrigado por escutar minha prece.

Por uma pessoa que está muito doente

Nesta noite,
eu rezo por _____,
que está muito doente.
Ilumina os médicos para que encontrem
bons remédios para que ele se cure.
Dê-lhes forte assistência,
porque _____ está realmente muito mal.
Porque tu és Deus,
porque tu és bom,
escuta atentamente minha prece.
Ela é muito importante para o meu coração.
Obrigado por se ocupar de _____.
Dê a ele a sua bênção.
Dê a mim também
antes que me deite para dormir.

Amém! Assim seja!

Pela paz e o bom entendimento do mundo

Senhor, que é Deus,
e pode nos ajudar a realizar grandes coisas.

Nesta noite, lhe faço esta prece:
ajude todas as pessoas da terra
    a se pôr de acordo
      e a viver no bom entendimento.
        Ajude todos a viver como amigos,
           sem fazer guerras,
              a partilhar as boas coisas que possuem.

Faço esses pedidos antes de dormir.

Obrigado por me escutar.

Agora, fecho os olhos para receber a sua bênção.

Pela beleza da nossa terra

Senhor, que é Deus,
que criou a terra e a deu para nós
para que fosse a nossa casa.
A terra que nos destes é bela e boa.
Ajude-nos a protegê-la e a respeitá-la.
Ajude-nos a evitar a poluição que danifica o ar.
Ajude-nos a conservar mais limpa
a água das fontes e dos rios,
dos riachos e dos oceanos.
É a minha oração desta tarde.
Ouça, eu lhe suplico.

Amém, assim seja!

Por uma bela jornada

Esta noite, antes de me deitar,
quero dizer obrigado.
Obrigado pelo belo dia que passei.
Obrigado pelos amigos que encontrei.
Obrigado pelo sol que me iluminou.
Obrigado pelo vento.
Obrigado pelos pássaros
que eu ouvi cantar.
Obrigado por tudo.
Tudo o que o Senhor fez é perfeito.
Estou muito feliz por conhecer tudo isso.
Abençoe-me neste momento em que vou deitar-me.

Para que não haja mais guerras

Antes de me deitar,
quero falar ao Senhor, que é Deus.

O Senhor sabe que há países no mundo onde existe a guerra.

Sabe que nos lugares onde há guerra, há muitos adultos
e muitas crianças que sofrem;
há também adultos e crianças que morrem.

O Senhor, que é Deus,
que quer a felicidade de todas as pessoas
que vivem na terra,

não pode fazer alguma coisa para
que não haja mais guerras?

Não pode sugerir àqueles que fazem
a guerra fazer a paz?

Dado que é Deus,
certamente entende a minha prece.

Deixo para o Senhor a resposta.

Tenho confiança no Senhor.

Pela paz e pela alegria

Deus boníssimo,
escute a prece
que lhe dirijo, nesta tarde,
antes de dormir.

Eis minha prece:
    Traga a paz para o mundo,
    coloque alegria no coração de todas as pessoas
    que habitam na terra, faça que todas as crianças
    sejam felizes, não permita que elas sejam exploradas.

    Tenho confiança no Senhor.

Sei que me ama.

Escute minha prece e lhe dê cumprimento.

E agora peço sua bênção.

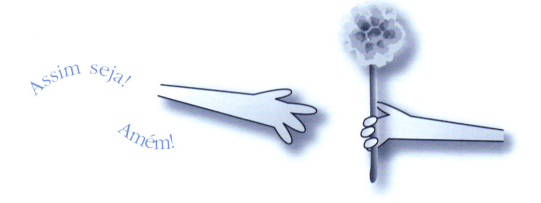

Assim seja!

Amém!

Entrei em discussões

Nesta noite, não me sinto contente comigo mesmo.
Tive discussões com meu amigo.

Não deveria ter-lhe dito o que disse.

Peço perdão
ao Senhor, que é Deus.

É ao Senhor que peço perdão,
porque sei que nos perdoa
quando falamos do fundo do coração.

Obrigado por me perdoar.

Amanhã vou me esforçar
para ser melhor.

Eu prometo.

Ajude-me a dormir em paz.

Senhor, que é Deus,
e eu o amo.

Assim seja!

Pelo meu pai e pela minha mãe, que tiveram forte desentendimento

Esta noite, durante o jantar, meu pai e minha mãe
tiveram uma forte discussão.
Eu me senti muito mal.
Acabei de jantar sem dizer uma palavra.
Depois disso estou só, no meu quarto.
Estou triste.
Antes de me deitar, quero rezar
pelo meu pai e pela minha mãe:
eu peço para que
amanhã de manhã
eles tenham reencontrado o bom humor.
É ao Senhor que me dirijo
porque é Deus
e porque nos ama.
Tenho grande confiança no Senhor.

Assim seja!

Para ter êxito em minha prova

Ao Senhor, que é Deus,
podemos dizer tudo.
Esta noite quero dizer que
daqui a dois dias
devo fazer um exame muito importante.
Ajude-me a me concentrar e a estudar com seriedade.

Fiz minha mãe ficar zangada

Hoje, minha mãe ficou aborrecida comigo.
Mandou-me que ficasse no quarto e refletisse bem.
Quero dizer que estou triste por tê-la aborrecido.
Sei que ela me ama muito.
Eu também a amo muito.
Pode ajudar-me a ser mais amável para com ela?
É o pedido que faço,
> porque sei que habita no fundo
> do meu coração e porque eu tenho
> confiança no Senhor.

Faça que eu tenha uma boa noite.

Assim seja!

Eu o agradeço porque pensa em mim.
De minha parte, quero me esforçar para me lembrar mais vezes do Senhor.
Minha prece está terminada.
Peço, então, que me abençoe.
Amém! Assim seja!

Para me entender melhor com minha irmã

Deus boníssimo,
dirijo-me ao Senhor, nesta noite,
para fazer um pedido especial.
Eis o que peço:
Ajude-me a me entender melhor com minha irmã.
Hoje, eu me aborreci com ela.
Zanguei-me por nada.
Mamãe disse que isso é infantil.
Ela tem razão.
Meu pedido é realmente importante.
Eu o agradeço porque me compreende.
Agora, abençoe-me e dê-me uma boa noite.
Abençoe também minha irmã.
Eu a amo muito.

Assim seja!

Não fui prestativo

Esta noite,
tenho que dizer ao Senhor, que é Deus,
que não estou contente comigo mesmo.
Recusei ajudar meu pai
no serviço que me pediu.
Se ele se comportasse da mesma maneira comigo,
certamente eu não gostaria.
Agora tenho um pedido a fazer:
ajude-me a ser mais disponível para servir,
quando meu pai ou minha mãe precisar de mim.
Obrigado pela sua ajuda.
Conto com o Senhor.
Agora eu vou dormir.
Eu confio no Senhor.
Proteja-me durante toda a noite.
Amém! Assim seja!

Amém! Assim seja!

Obrigado!

Nesta noite,
antes de me deitar,
quero dizer "Obrigado".
Obrigado por ser o Deus que eu conheço.
Obrigado por ser tão bom.
Obrigado por ser grande.
Obrigado pelo céu e pela terra.
Obrigado pelas pessoas que eu amo.
Obrigado pela beleza do mundo.
Obrigado pelas numerosas bênçãos.
Obrigado por ser Deus.
Obrigado por ser o único Deus.
Obrigado por ser o Deus que eu amo.

Amém!